ADICTOS A NOSOTROS

ExLibric

CARMEN NEGRILLO

ADICTOS A NOSOTROS

EXLIBRIC
ANTEQUERA 2024

ADICTOS A NOSOTROS
© Carmen Negrillo
Diseño de portada: Dpto. de Diseño Gráfico Exlibric

Iª edición

© ExLibric, 2024.

Editado por: ExLibric
c/ Cueva de Viera, 2, Local 3
Centro Negocios CADI
29200 Antequera (Málaga)
Teléfono: 952 70 60 04
Fax: 952 84 55 03
Correo electrónico: exlibric@exlibric.com
Internet: www.exlibric.com

ISBN: 979-13-87528-41-6
Depósito Legal: MA 2957-2024

Impresión: PODiPrint
Impreso en Andalucía – España

Nota de la editorial: ExLibric pertenece a Innovación y Cualificación S. L.

CARMEN NEGRILLO

ADICTOS A NOSOTROS

Maldita adicción

La adicción es una enfermedad neurológica que se caracteriza por una búsqueda patológica de la recompensa o alivio a través del uso de una sustancia u otras acciones, esto implica una incapacidad de controlar la conducta.

Le dedicamos este libro a todo familiar de un adicto, madre, padre, hermanos, tíos, primos, amigos. Todo aquel que vio cómo desaparecía su ser querido, poco a poco, envuelto en sus mentiras, sus engaños, sus llantos, su vergüenza, su tiranía y su enfermedad.

El familiar que se queda al lado del adicto pierde su cordura por intentar ayudarle.

En mi caso, soy la madre que se enganchó al hilo que la unía a ese adicto. Tras ser engañada, maltratada psicológicamente y robada. Esto me ha roto en pedazos. Cada intento ha sido para que ganara esa adicción tan poderosa que se mete en las cabezas de las personas y las convierte en secuestrados de sus propias vidas.

¿Hay algo más grande que una MADRE en esta vida? Esa persona que te llevó nueve meses dentro de ella, que a base de su dolor naciste, que te amamantó, que te dio lo mejor que podía y sabía y a la tu enfermedad destroza, que llora cuando nadie la ve, que reza para que estés vivo, que no duerme, que se cambiaría por ti para que tú estuvieras sano.

Somos muchos los que estamos detrás de cada adicto y de sus consecuencias. Necesitamos ayudas. Dar luz a esta grave enfermedad que se lleva a tantas personas por delante y que deja tantas familias rotas.

Un abrazo a esa persona que esté sufriendo en este momento esta enfermedad y a su acompañante.

Este libro es nuestra historia. Está escrita por el adicto y por su madre. Jamás sabremos el final.

Gracias por todo

Texto: José Negrillo

5 de agosto de 2024

Hola, madre. Estoy muy orgulloso por tu trabajo conmigo. No sé cómo explicarte lo que has hecho por mí, pero lo has conseguido. Quiero que sepas que siempre estaré agradecido de tenerte a mi lado y que nunca olvidaré lo que me estás cambiando. Lo fuerte que eres me hace a mí más fuerte. Eres lo único que me hace seguir adelante. Esa madre coraje que siempre supo que su pequeño estaba enfermo y siguió luchando. Hoy estoy muy orgulloso de ti, porque tú eres la ganadora, no la droga.

Tú eres mi cielo. Donde quiero estar es en tus brazos. Un día dije HOY NO, mañana será otro día, pero será HOY NO.

Gracias por haberme dado la vida hace treinta y seis años, por seguir luchando y, aunque ahora no pueda estar a tu lado, yo seguiré luchando por ti mamá, lo voy a conseguir. Siempre juntos.

Hoy puedo decir «hoy no», mañana será otro día. Mi libertad es tu corazón no los muros de esta prisión.

Gracias.

Tu hijo enfermo que te quiere con locura. Ningún dinero se puede comparar con el amor que te tengo y perdona por el daño que te he hecho.

Siempre juntos.

Hoy no, otro día más.

Soy el adicto

Texto: José Negrillo

Esta es mi historia: tengo treinta y seis años y fui un niño normal hasta que empecé la adolescencia. Desde hace veinticinco años estoy enganchado a la droga. Me acuerdo como si fuera ayer porque se ha convertido en una enfermedad, soy drogodependiente. Ya no puedo vivir sin droga en mi cuerpo. Todo empezó siendo yo aún muy joven, un niño. Empecé a fumar cigarrillos, después ya no era solo un cigarrillo, era un paquete de tabaco.

Tardé un tiempo, pero veía a otros fumar porros y yo pensaba que qué bien olían. Les decía a mis amigos de comprar. Quinientas pesetas. Pero poco a poco empezó a gustarme más y más. Nos colocábamos más, nos reíamos, hacíamos el indio sin pensar qué podría pasarle a nuestro cerebro.

Lo que pasó es que, poco a poco, nos convertimos en drogodependientes. Cada vez el cuerpo necesitaba más esa droga para ser persona, porque cuando no la tenía era discutir con mi madre, mal humor y rabia incontrolable.

Era muy joven. Tenía quince años cuando empezamos a salir de fiesta con las motos, a quedar para fumar porros por las tardes, a faltar al instituto y, sobre todo, a no ser nosotros mismos.

Ya en esos años, quedábamos para salir de fiesta, hacer botellón y fumar tabaco y porros. Ya no era solo una sola droga, el tabaco, también era alcohol, porros. Empecé a convertirme en politoxicómano sin darme cuenta. Cada vez éramos más mayores. Luego, empezó a entrar en mi vida la cocaína.

Me acuerdo perfectamente: fue una Nochevieja. Habíamos comprado la entrada a una discoteca cuando empezamos a decir: «¿Por qué no compramos unos gramos de cocaína?».

Aparte llevábamos alcohol, tabaco y porros. Ya empezaban los colocones fuertes. No sabíamos dónde nos estábamos metiendo. En ese tiempo nos creíamos los reyes del mundo, pero no éramos conscientes de que nos estábamos enganchando a la droga.

Sabéis que, cuando tenía dieciocho años, me quería comer el mundo, me creía que podía con todo, vivía a un ritmo de nivel alto, conseguí mi casa, mi coche, una mujer y lo di todo por ella, pero ahí empezó otro problema: una relación toxica durante ocho años.

Ella era la mujer de mi vida. La quería con locura, pero me volví loco porque para ella no era igual y un día se esfumó, me dejó.

Me vi metido en un tornado de cosas que se me hizo grande: una hipoteca, un coche bueno, y mucho dinero en mis manos. Empecé a vivir sin frenos, a tirarme días enteros sin dormir. Todo el dinero que tenía me lo metía en cocaína. Y así empezó todo. No sabía cómo afrontar el daño que tenía mi corazón y empecé con la droga dura. Me metía cocaína hasta no ser consciente de mis problemas, hasta estar colocado siempre para no recordar el daño que había en mi corazón.

Yo nunca tuve un padre a mi lado y eso me hizo tan fuerte. Tuve una madre a la que quiero con locura, pero intenté que no se metiera en nada. Solo pensaba en la añoranza de tener la ayuda de mi padre y eso me mató. Me refugié en mi abuelo y en mi abuela maternos, como si fuesen mis padres. Pero a mi abuelo, hacia quien sentía un gran cariño, lo perdí un día. Se fue al cielo y mi vida al infierno. Yo estaba muy enfadado con el mundo y, en la sociedad en que vivimos, me encontré solo. Y la soledad y la droga me acogieron como amigos.

Es difícil explicar, pero ese fue el detonador de mi vida. Yo fui cobarde por no afrontarlo y, poco a poco, se apodero de mí, porque cuando consumes, dejas de existir, eres solo un drogadicto más. Empecé a no quererme.

Soy la madre

Texto: Carmen Negrillo

Nadie te prepara para ser madre y menos con diecisiete años. Tuve un hijo súper querido y amado, casi crecimos juntos. Después, con veintidós años tuve una hija. Mis hijos fueron siempre mi ilusión. Intenté hacer lo mejor para ellos, lo mejor que supe. Pero la vida se truncó un día de 2014. Una no es tonta, pero sí que fui demasiado permisiva con él.

Todo empezó con sospechas: parece que huele a porros, parece que está tomando mucho alcohol, siempre esperando que sea algo pasajero. Pero mi hijo tenía mucha prisa por vivir. Con dieciocho años se enamoró de una chica. Enseguida se van a vivir juntos, trabajan los dos, compran un piso. Todo parece normal, pero mi hijo no es así, cada vez está más nervioso, va perdiendo los trabajos, surgen discusiones entre todos. Ella lo abandona, él no lo supera ese desamor y se hunde aún más. Vuelve a mi casa a vivir, la casa que viven ellos se la queda el banco.

Una vez que volvemos a convivir ya está más claro que sucede algo en su vida, pero él nunca pide ayuda. Yo ya casi no duermo, escucho que él no duerme, que cada día está más delgado, le oigo por las noches expirar. Yo no quería ver que consumía cocaína.

Una mañana, limpiando su habitación, encuentro una bolsa de cocaína. Ya no hay duda, mi hijo está consumiendo y cada día más. Mi primera intención es tirar esa bolsa, pero lo pienso mejor y espero a que llegue para preguntar qué es eso. Como es normal no es suyo, se lo está guardando a un amigo, pero ya no hay marcha atrás, comienza una lucha con una poderosa adicción.

Empieza la lucha contra la adicción y mi codependencia. Buscamos dónde nos pueden ayudar. Llamamos a muchos centros. En Proyecto Hombre es donde antes nos ven. Empezamos a ir a terapia juntos hasta que, en una sesión me dicen que no vuelva más, que necesita entrar en psiquiatría en el Hospital Reina Sofía. Él no quiere, todo va convirtiéndose en mentiras y más mentiras. Él no quiere nada solo, cada vez salen más deudas, debe dinero a los traficantes. Me aconsejan que pague la deuda. Voy con él a pagar. Cada día son más cosas y él está peor.

Hasta que me entero de que amenaza a mi hija para que le dé dinero, es una niña de quince años. No puedo más. Le digo que se tiene que ir de la casa, que prepare las maletas y vamos a la estación de tren. Compro un billete a Madrid, le contrato un hostal por quince días.

Tiene ese tiempo para buscar trabajo y una habitación, mientras tanto yo le pagaré lo que necesite.

Consigue trabajo en Burger King y una habitación. Ya puede mantenerse solo. Yo, cada vez que puedo, voy a Madrid a ver cómo está. Al pasar unos meses vuelvo a notar cosas raras. Ya está empezando otra vez, los síntomas comienzan.

Algo muy importante y que suele ser señal indiscutible es que pierden la cartera, la ropa, les quitan los móviles, no les pagan, pierden los trabajos, siempre se repiten.

Vuelve a casa otra vez. Me doy cuenta de que me ha robado un dinero que estoy ahorrando para regalar a mi sobrino por su boda. Me dolió tanto que mi propio hijo me robase. Él pide perdón, ve el daño que me ha hecho, pero ese dolor de que no puedes confiar en él en tu casa es terrible. Al poco tiempo descubro que ha robado todo el oro de su hermana. Él vive muy alterado, cada día tenemos más miedo, ya no se puede vivir así.

Mi hija me da un ultimátum o se va él o se va ella, tengo que elegir. Elijo al hijo sano. Tengo que proteger a mi hija. Le vuelvo a decir que se vaya de la casa, que busque una habitación y trabajo, que no podemos seguir así.

Se va de la casa. Intento recuperar el oro de mi hija. Estamos las dos solas, tenemos miedo de él, cuando se pone agresivo nos amenaza, se pone muy violento.

Él intenta convencer a mi madre de que le deje vivir en su casa, de que su madre lo ha dejado en la calle, de que le deje vivir allí que se va a portar bien. ¿Qué va a hacer una abuela ante esas palabrerías? Él sabe convencer. Por mucho que advierto a mi madre, es imposible. Lo deja vivir con ella, vuelve a hacerle lo mismo. Se aprovecha de ella, le vende todo el oro, le hace ir a sacar dinero del banco,

Yo cada día estoy más preocupada por ella, le ofrezco a mi hijo que se vaya a Tenerife, que le doy dinero y le pago una casa hasta que encuentre trabajo y pueda mantenerse. Al principio bastante le va bien, vuelve a conseguir trabajo y casa. Está unos meses bastante bien.

Decido ir a verle a Tenerife porque vuelvo a notar cosas raras. Le vuelve a faltar dinero, paso con él ocho días viendo la isla y voy notando cosas que se repiten. El olor a porros lo tengo muy metido en mi cerebro, no me equivocaba. Al poco tiempo le despiden del trabajo.

Una noche me llama, dice que le quieren matar, que le compre un billete de avión. Es la primera vez que le digo que no. Se ha terminado, ya no le ayudo más. Solo le ayudaré a entrar en un centro.

Empieza una locura de llamadas de él pidiendo que le ayude a volver a Murcia, pero yo solo le ofrezco un centro. Eso le cabrea más, ya son amenazas de quemar mi casa cuando llegue, dice que me odia por lo que estoy haciendo.

Tengo miedo, la verdad, porque es capaz de cualquier cosa. Lo denuncio en comisaria, pero como no está aquí no se puede hacer nada.

Consigue llegar hasta aquí, pero yo sigo firme en mi postura. La única solución un centro, pero él no quiere. Solo queda la calle. Todos los especialistas dicen lo mismo, tiene que tocar fondo, pero a la vez yo enfermo con él, me muero de dolor, tengo el corazón roto y tengo otra hija que no tiene culpa de nada, sufre por mí y tiene miedo, también está enfermando.

Busco ayuda, todos dicen que me olvide de él, que tengo que hacer duelo, una psiquiatra llega a decirme que lo mejor que me podría pasar es que se muriera mi hijo. Digo yo que cómo se hace el duelo de un hijo vivo, que te llama por teléfono, que le ves pidiendo en la calle, el duelo se puede hacer cuando algo ha terminado, pero no viviendo con este dolor tan grande de ver un hijo enfermo al que no puedes ayudar.

La familia se cansa. Es un problema que no vas contando a nadie. Al final te sientes tan sola, sin ayuda de nadie, que te vas muriendo por dentro.

La calle

TEXTO: JOSÉ NEGRILLO

Cuando me encontré en la calle tanto tiempo y habiendo pasado tanto frío, calor y miedo, dormía entre los setos de una plaza, por tanto, adopté una manera de vivir que no sé cómo explicar. Me convertí en una persona nómada que no tenía ninguna necesidad de nada, de valor en la vida, ya no importaba si comía, si dormía o no.

En mi cabeza ya solo existía la droga, cómo poder conseguir droga, solo una dosis más. Es impresionante lo que uno puede hacer bajo los efectos de la droga, no sientes ni padeces dolor llueva o truene, haga frío o calor. Luchando por conseguir una puta dosis como ratas de laboratorio y, total, para qué, fumas tu dosis, satisfaces tu dopamina y cuando se acaba de fumar vuelve a salir a buscarte la vida.

Yo lo explico así y parece fácil, pero he vivido en los dos lados de la vida, lo he tenido todo y no he tenido nada.

Pienso que, por desgracia, no sé si voy a superar mi enfermedad, pero sí tengo claro que me levantaré y me recuperaré las veces que haga falta porque la vida a lo largo de los años me ha hecho así. Pero quiero de ese círculo donde estaba metido parecía una tormenta en la mar en la que se hunden los barcos.

Así es la gente que he conocido en este mundo, personas impresionantes metidas muchos años en el mundo de la droga y que han sido maestros para mí, no sé si porque me veían con buen corazón o porque gente como yo hay pocos en este mundo.

Al principio de ser *yonki* me costaba sacar dinero, pero con los años y mi psicología hacia las personas aumenté a un nivel muy alto, *yonki,* sí, pero con clase. He llegado a veces a sacar hasta dos mil euros a la semana. Hay mucha gente que eso no lo gana ni al mes y sin robar.

Ya cuando se me va la cabeza saco lo que me sale de los cojones, la gente que he dejado que me conozca de verdad puede verificar cómo he sido con la gente que me ha demostrado que es pura. Yo le he dado todo, a la vez que no he sido firme como un sable, sin corazón, sin rencor directo, pero siempre con respeto y elegancia, con clase he sabido decir que no a esa gente que se cree mejor que tú, pero que, en realidad, no sabe a quién tiene en frente.

Es la verdad desde mi punto de vista, el estar viviendo en la calle me ha hecho abrir los ojos. No tiene precio tener una familia o alguien que te quiera de verdad.

Yo, con el tiempo, me hice amigo de un gigante, LA SOLEDAD. Se convirtió en mi gran amiga, siempre estuvo conmigo, nunca se separó de mí. Sabes que mucha gente como yo también la ha conocido y es muy difícil salir de ese círculo porque te atrapa y te vuelves loco. Yo ahora la he derrotado y tengo una mejor amiga, MI MADRE. Ella es mi gran amiga, mi cura y verdadero amor.

Hospital

Texto: Carmen Negrillo

Llevamos ya años en la adicción. No he conseguido nada, me siento culpable, me duele, me siento sola. He llamado a muchas puertas, no hay solución, si él no quiere, no se puede hacer nada.

Él vive en la calle, no quiere ayuda, pero espero que pronto toque fondo y pida ayuda. Sin embargo, pasan los años y sus únicas llamadas son para pedirme dinero y recordarme que está en la calle por mi culpa. Lo está pasando mal, yo le ofrezco un centro, pero eso no lo quiere.

Él termina siempre amenazándome, con insultos y amenazas, qué dolor más grande tener un hijo enfermo y no poder ayudarle.

Pasa mucho tiempo sin verle, sé cosas por la gente que lo ha visto, que está muy delgado.

Un día me llaman del Hospital Gregorio Marañón. Está ingresado, se ha roto lo que une el fémur con la rodilla, tienen que operar. Hablo con él por teléfono. Él siempre me echa la culpa a mí por dejarlo en la calle.

Otra vez el dilema, qué hago, yo no me puedo ir a Madrid a gastar más dinero. Que venga aquí, ya sé lo que es sentir miedo y esos ojos enfermos llenos de odio hacia mí.

Solicito el traslado al Hospital Morales Meseguer. Cuando llega, le estoy esperando en el hospital. Ya viene con su odio hacia mí, yo no me quedo con él en el hospital, solo hago visitas, porque su sed de venganza es inagotable.

Yo, sin saberlo, estoy enfermando con él, cada día estoy más enferma. Me duele tanto ver mi hijo así y no poder hacer nada.

Lo operan y los goteros de morfina los abría al máximo para que le entrase rápido y colocarse. En el hospital tenemos una bronca muy fuerte porque me entero de que le pide cincuenta euros a mi madre y la pobre se los da. Se está consumiendo en el hospital, no sé cómo. Lo han visto en la puerta de un supermercado con el pijama del hospital y la silla de ruedas pidiendo dinero.

No puedo más, pido ayuda a la familia, necesito ayuda de su padre, cuando salga del hospital me lo tengo que llevar a mi casa y yo tengo miedo y necesito ayuda, pero por supuesto que su padre se niega.

Sufro un ataque de ansiedad, recuerdo a una enfermera que me coge en secreto y me dice que me vaya, que lo abandone en el hospital y que el hospital busque solución, que me vaya. Eso hago, ya no puedo más, pido ayuda a todos psiquiatras, a trabajadores sociales, pero siempre me dicen lo mismo, que me lo tengo que llevar yo, que tiene familia, aunque esté para estar en un psiquiátrico.

Me voy. Tardan, pero consiguen un centro para que se recupere, el centro RAID. Ellos lo acogen y me llaman para ir teniendo terapias. Al principio muy bien, e incluso su padre, que nunca había querido nada con él, va. Para su padre era un sinvergüenza. Nos turnábamos para sacarle de paseo. Hasta su hermana se volcó en ayudarle y sacarle a pasear. Él como no podía consumir y tenía miedo porque debía dinero estaba súper tranquilo para que fuéramos.

Recuerdo que un día me dice mi hija:

—Mamá, vamos a pagar la deuda porque corremos el riesgo que nos hagan algo y tengo miedo.

Pues sí, vuelta a pagar la deuda. Maldita la hora porque ya no tenía miedo en salir solo del centro y empezó a consumir. Ya, no quería que fuéramos tanto a sacarle a pasear, se estaba consumiendo.

Mi hija nos invita a cenar en su casa por su santo. Yo tenía que recogerle del centro y ya cuando hablé por teléfono con él noté la voz del colocón. Me callé porque no quería disgustarle la cena a mi hija, pero a la mañana siguiente me presento en el centro, hablo con la enfermera y el educador y resulta que lleva días sin querer hacerse analítica de tóxicos. Cuando el educador le llama, me ve allí y sabe que lo hemos pillado, se pone muy agresivo. Sabiendo que mientras yo esté allí será peor, digo que me voy, él amenaza a los del centro, tira cosas, se pone loco, el centro amenaza con llamar a la policía si no se va.

Me llama y me dice que él no quiere quedarse en la calle, que quiere estar con nosotros. A mí, como co-adicta del adicto, me da pena, me muero de dolor por todo lo que me hace, pero soy incapaz de dejarle con esa operación sin terminar de curar.

Me convence, como siempre, y lo llevo a la playa, a casa de mi madre, con mi hija y su novio. No dura ni quince días, cada día está peor, cada día quiere más dinero, hasta que un día mi hija me llama, dice que mi madre está llorando por culpa de su hermano y que ella tiene miedo. Yo estoy en Murcia. Mientras voy, llamo a la familia que está más cerca de la playa para que se acerquen. Su padre se niega otra vez, estando a cinco minutos de allí.

Cuando yo llego él ya sabe lo que va a pasar, que va a la calle y entonces él intenta que le deje allí, pero eso no puede ser.

Recogemos todo y hasta me traigo a mi madre, porque es un día importante, mi sobrino ha tenido una hija y están todos en el hospital. Para que mi madre esté protegida se queda en la habitación y todos los demás intentamos que mi hijo esté tranquilo y si no quiere un centro tiene que ser la calle otra vez. Él, muy listo, esperó a que bajara mi madre y la convenció para que le dejara irse a su casa. Qué va a hacer una abuela viendo a su nieto cojo y que se va a quedar en la calle. Ella, delante de todos, se va con él a su casa.

Yo me muero de dolor, no quiero volver a echarle, nadie puede imaginarse ese sentimiento si nunca lo ha hecho. Te rompes, te duele el alma, lloras sin aliento. Es lo peor, te sientes culpable aun sabiendo que no hay otra salida mejor si él no quiere un centro.

Busco la manera de hacer el menor daño a mi madre, se va a ir con ella y él a la hora que yo le digo, tiene que estar fuera de la casa.

No quiero ver cómo se va, a mi madre, a raíz de ahí, ya se le diagnostica principio de Alzheimer. Se la lleva mi hermana a su casa. Tenemos que protegerla para que él no se acerque y le haga más daño.

Cada día me encuentro más enferma, me duele todo el cuerpo, estoy enfadada con el mundo, con Dios, conmigo misma.

Dinero, drogas y amor

Texto: José Negrillo

Los últimos años solo he pensado en el dinero para consumir y siempre he dicho que el dinero fácil se va fácil. Al principio de todo es difícil cuando uno se ve metido en la droga. Luego, uno empieza a tener hábitos sobre lo que se rodea, se descuida a sí mismo, sobre todo, cuando se siente solo. No se preocupa de nada, solo de sacar dinero. La droga se convierte en una enfermedad. Esta y el dinero no son compatibles porque cuanto más dinero tienes, más consumes. Nunca es suficiente, solo quieres consumir para olvidar el daño que llevas encima. Es muy duro de explicar, pero tanto tienes, tanto vales, nunca es suficiente.

Cuando yo consumía, no me importaba nada alrededor, solo la satisfacción en mi cuerpo, cómo mis pulmones se llenaban de aire contaminado, mi cabeza se bloqueaba y no pensaba en nada, solo en seguir fumando. La cocaína y la heroína siempre han estado en mi mente. Ahora, después de un tiempo sin consumir, sigo pensando y soñando con ellas. Incluso en eso es una enfermedad muy grande que es muy difícil de superar porque es muy adictiva. La cocaína es psicológica, pero la heroína se mete como un bicho en tu cuerpo que no se puede superar, como si te esclavizase para toda la vida, y lo peor es que no hay nada para ello.

Cada día que pasa también estoy más cansado de esta vida, estoy más enfermo, me duele mucho la pierna, cuando duermes en la calle como sea, pasas frío, te mojas y llega la pandemia está todo el mundo sin poder salir, cierran todo, se hace difícil sacar dinero, estoy enfermo y tengo mucho mono, busco ayuda en mi familia.

La pandemia

TEXTO: CARMEN NEGRILLO

Me llaman y me dicen que mi hijo está muy mal, que está pidiendo ayuda en casa de un amigo para que llame a alguien. Llego como las locas, con miedo, pero quiero ayudarle.

Es impactante la primera vez que veo un *yonki*. Me bajo del coche, veo un vagabundo, sin dientes, huele a perros. Esa persona un día fue mi niño. El corazón se me parte, solo siento dolor. Hasta dónde ha llegado por la droga.

Le cojo y me lo llevo al hospital Morales Meseguer a urgencias. Como no tiene fiebre y es un vagabundo adicto nos invitan a irnos, todo está cerrado, no hay ni hoteles, llamo a muchos sitios, ni en Jesús Abandonado tiene plaza. Él me dice:

—Mamá, déjalo ya. Cómprame Ventolín para el asma y me dejas en la fama. Me das dinero para comprar droga, que tengo mono de heroína.

Le dan temblores y se mea encima y todo.

Lo llevo al polígono de la Paz. Él se baja.

—Gracias, mamá —me dice—, no te preocupes.

Me quedo en el coche. Quiero morirme, no soporto lo que acabo de hacer. Voy a dejar el coche y me voy a buscarle. Voy pensando en el coche, llego a mi casa y le digo a mi pareja que me voy a la calle, él trata de convencerme, no me deja, entiendo que no lo puedo hacer, pero sí que puedo hacer una cosa: morirme. Mientras él se ducha me tomo todos los blísteres de pastillas relajantes y antidepresivas que puedo, me siento en el sofá.

Recuerdo algo, en la cama hay médicos preguntándome y pegándome para despertarme. Recuerdo que hacen que beba algo y ya estoy en una ambulancia. En el hospital el psiquiatra habla conmigo, yo quiero morir, quiero dejar de sufrir, no puedo más.

Al tiempo entendí que fui muy egoísta, que tenía que haber pensado en mi otra hija. Un día ella misma me lo dijo:

—No pensaste en mí.

Tiene toda la razón, pero yo quería dejar de sufrir esta enfermedad, de ver cómo se está matando y no hay nada que se puede hacer.

Yo digo que el que quiere suicidarse no lo dice, quien lo dice solo pide ayuda. Hoy en día, sigo en tratamiento psiquiátrico y psicólogo.

La primera vez en prisión

Texto: Carmen Negrillo

A los cuatro días está en la cárcel, me llama:

—Mamá, ayúdame, por favor, estoy en la cárcel.

Esa primera vez que voy sola, con miedo a lo desconocido, con lo desagradable del sitio, no sé qué me voy a encontrar si al hijo arrepentido y enfermo o al otro hijo cruel, malvado, al que la culpa es mía, por eso está en la cárcel.

Cuando entro, temblando, con los nervios a mil, me encuentro un hijo roto que se arrepiente a ratos y a otros ratos es frío y calculador: «necesito ropa, necesito dinero» y con una mente enferma.

Esta allí unos seis meses, le dejan en libertad, pero tiene que pagar una cantidad de dinero a cambio. Yo, por ser la primera vez, le pago la deuda a cambio de que entre a un centro.

Vamos al CAD, empezamos los trámites para entrar en un centro gratuito, al cabo de un tiempo se lo dan en Almería. Estando en pandemia es muy difícil entrar, lo llevábamos mi hija y yo. Se queda allí de momento, está de acuerdo en que es lo mejor para él.

Lo malo de los centros es que en quince días te los manda a casa el fin de semana, vuelven al círculo donde está el problema, cuando creo que tendrían que estar más tiempo en terapia y sin salir.

Pasamos Reyes juntos. Lo pasamos en familia con regalos y amor, pero cuando tenía que volver ya no quería ir al centro. A los diez días se fue del centro.

Nadie puede retener a una persona enferma en contra su voluntad, sabiendo ya que es un caso dual: esquizofrenia, trastornos de la personalidad y politoxicómano.

La familia es la perjudicada. Tenemos que hacer de terapeutas pero no sabemos cómo tratarlos, ni cómo actuar. Se ponen violentos, nos amenaza. Otra vez a la calle si se va del centro. Después de mi esfuerzo le queda la calle y eso es lo que elige.

Otra vez en la calle y cárcel

TEXTO: JOSÉ NEGRILLO

Me veo otra vez con las maletas y en la calle. Llego a Murcia y otra vez lo mismo voy al CAD para tomar medicación para no consumir heroína. Robo en supermercados para cambiar por droga, no pienso en nada más que consumir.

Yo me considero una persona fuerte, luchando contra ella con coraje como si de un combate de boxeo se tratara, golpes y golpes cayendo hasta lo más bajo y levantándome las veces que haga falta.

A lo largo de mi trayectoria he conocido a mucha gente atrapada, como perdiendo su vida, es triste ver cómo se van llenando las calles y lo barato que es conseguir una dosis, con dos euros ya puedes consumir.

Es una enfermedad que nadie quiere solucionar, yo ya llevo muchos años enganchado.

Te detienen, pasas la noche en el calabozo, al día siguiente al juzgado y a esperar juicio.

Yo no cuento las noches de calabozo que he pasado, es mi cuarta vez en prisión. Esta vez creo que voy a estar bastante tiempo, sabéis que en la cárcel un 50 % somos drogadictos que estamos en los mismos pabellones con los vendedores de drogas y los demás por diversas cuestiones, pero la mayoría somos adictos.

Esta vez es diferente porque tengo una reconciliación con mi madre. Es la única persona que me visita y después de años hablamos y reímos cuando nos vemos.

Esta vez me encuentro fuerte y es que quiero que sea la última vez de pasar por prisión. Es muy duro vivir aquí, hay módulos que son muy peligrosos. He pensado muchas veces en quitarme la vida porque no merece la pena seguir sufriendo y, sobre todo, hacer sufrir a una madre que perdió un día a su pequeño. Yo le debo la vida y quiero hacerla feliz pensando que el día que muera, consiguió que su hijo saliese de la droga después de tantos intentos fallidos. Yo no me merezco nada, pero sí que sé, de primera mano, que la libertad no se compra, se consigue haciendo cosas buenas y es muy bonito tener a alguien al lado, pero la familia se cansa de tantos intentos fallidos, por eso hay que luchar por ellos.

Mi terapia

Texto: Carmen Negrillo

Entre tantos años, sufrimiento y deterioro de los dos, porque su deterioro es de su consumo altísimo de toda clase de drogas, de mala vida donde vive en la calle, donde cada vez son más años y más enfermedades. Pero yo, a la vez que él, sin consumir también enfermo, trastorno ansioso depresivo crónico, fibromialgia y un dolor crónico en el corazón.

Me llaman del Hospital de Santa Lucía, en Cartagena. Me dicen que está grave, que tiene los pulmones cerrados, que necesita oxígeno y que él pide que vaya a verle. Pienso «no voy» porque no merece que vaya y no sé cómo va a actuar, pero como madre me digo tengo que ir.

Me presento en el hospital y él ya se encuentra mejor y al verme empieza su agresión psíquica hacia mí. Hablo con los médicos que yo sabía que iba a pasar, que se iba a querer ir y montar un espectáculo, ruego que avisen a los psiquiatras para que le evalúen y que no le den el alta voluntaria.

Los médicos dicen que si él quiere irse de alta voluntaria se la dan, que tengo que pedir el apoyo a familias para que un juez decida que mi hijo tiene que estar en el hospital.

—Señora, no se puede hacer nada sin eso, por tanto, su hijo se va.

Ahí estamos los dos otra vez, discutiendo que para que me llama si va a hacer eso. Quiere hacerme sufrir que vea como está, pero es verdad que con los años y el sufrimiento y tanto daño recibido por su enfermedad, son enfermos y los médicos deben de tratarles como enfermos adictos, pero es más fácil dejar a la familia con el problema.

Gracias a que un día encontré un cartel pegado en el CAD en el que ponía «grupo de padres con familiares adictos», cogí el teléfono y llamé. Por fin había encontrado algo que me podría servir, porque los psiquiatras y psicólogos a mí no me sirvieron. Llegué allí rota, dolida, sin saber qué encontraría. Pues encontré mi nueva vida, gracias a esos terapeutas y psicólogos a todos ellos: Maite, Gertru, Paco, Mari Carmen, solo puedo agradecer a Heliotropos mi nueva yo, aquí comenzó mi cambio.

No solo me cambió la vida, sino que me encontré unas hermanas de vida, en Heliotrops comienza una amistad, una familia un apoyo incondicional de mis Mercedes, Ana, Mayka, Josefina, Lola, madres y mujeres de adictos que ahora son mi familia. Mi nueva yo es gracias a todo lo que ha pasado este año.

Así empecé a comprender que tenía un hijo enfermo, que la adicción era una enfermedad y a él le gustaba que fuera a la terapia y que fuera comprendiendo su enfermedad.

Llegamos a hablar el mismo idioma.

Amor

TEXTO: JOSÉ NEGRILLO

Cuando uno se ve metido en ese mundo, también necesita cariño. Yo he conocido personas a las que he querido como hermanos, como mis amigos Andrés y Pier. A veces recuerdo los momentos que hemos vivido, pero a largo plazo, el tiempo es muy sabio y te demuestra que te quedas solo debido a cómo vivimos cuando estamos enganchados.

También he conocido mujeres y por un tiempo las he tenido en mi corazón, pero nunca he llegado a quererlas porque resulta que no tienen valores, como nosotros que hace tiempo que los perdimos, por eso acabas solo.

Es una vida en la que, si no estás anestesiado con la droga y sientes la realidad, sufres de ver tus manos negras, del mal olor que echas, de que la gente ya ni te mira. Sobrevives por naturaleza, lloro, sufro, tengo miedo, quiero morir, pero no tengo valor, prefiero drogarme todo el día. A veces busco la sobredosis y que esto pare.

He viajado por toda España, he conocido a mucha gente que me ha ayudado a sobrevivir. En el mundo de la droga hay gente de todas las clases de familias, de todos los niveles de clases, altas y bajas, pero todos somos iguales, adictos, mentirosos. Todo por conseguir droga.

Hemos hecho tanto daño a nuestras familias, hemos robado a gente inocente. Tenemos que conseguir dinero, de cualquier forma, para consumir, el mono empieza a ponernos nerviosos, nos da mucha ansiedad, incluso llegas a mearte encima.

No podemos tener familias, ni amigos, ni enamorarnos, solo podemos tener la soledad de nuestra adicción.

A mí me consuela mucho cuando puedo hablar por teléfono con mi madre, pero muchas veces terminamos enfadados.

UCI

Texto: Carmen Negrillo

He pasado por el hospital, hemos pasado por la cárcel, solo queda la muerte, son las tres cosas que te puedes esperar si eres adicto.

He pensado muchas veces, cómo sería el entierro de mi hijo, siempre con el miedo de que suene el teléfono dando el aviso de su muerte.

Ha pasado tres veces por la UCI, sedado y a punto de morir. Recuerdo una de las veces que me llamaron a las tres de la madrugada desde la UCI del Hospital Gregorio Marañón. Me dijeron que mi hijo estaba muy mal, que estaba grave y que no sabían qué iba a pasar. Estaba sedado, que fuese. Yo, ya estoy acostumbrada a que cuando él se encuentra mejor, pide el alta voluntaria y se va.

Respondo a la doctora, le digo que no voy a ir, que me llame si se muere. La doctora no entiende y me vuelve a repetir que está muy grave que, si no lo he entendido. Le contesto que lo he entendido perfectamente, pero que estoy cansada de ir al hospital y ver cómo una vez que estoy allí, el problema es para mí.

NO VOY, SI SE MUERE ME LLAMA. Qué cruel, pueden pensar, pero una ya está agotada y tan enferma que, más de un día, piensa que si se muere van a descansar tanto él como yo. Para una madre es durísimo pensar que desea que termine este sufrimiento, como sea, pero ya son muchos años durísimos y sufriendo.

Efectivamente no me equivoqué, le quitaron la sedación y los médicos de la UCI le dieron el alta por no estar incapacitado. No pueden retenerle sin un juez.

Empecé en 2018 a solicitar una curatela y estamos a 2024: ya he declarado ante la fiscal, pero seguimos sin tener la incapacitación. Así funciona, los familiares de adictos aprendemos de drogas, de leyes, de sobrevivir, pero, sin ayuda, todo son solicitudes, tiempos de espera larguísimos y nuestros enfermos cada día están en peor situación.

Qué difícil es todo, mi mente empieza a dar vueltas, tengo que hacer algo, quiero ayudar a las familias que se sienten solas, la mayoría somos mujeres, todas las que estamos detrás de nuestros adictos: madres, hermanas, mujeres, novias.

Empiezo a dar vueltas a mi proyecto en la cabeza.

El tiempo

Texto: José Negrillo

Cuando uno está metido en el fondo de la droga no mira el tiempo y este pasa sin que uno se dé cuenta de que cada día se está matando, poco a poco, pero somos enfermos.

Nosotros somos manipulados por los traficantes a través de nuestra adicción. Nos dan droga hasta por tres euros, para tenernos cogidos y suplicando por otra dosis. Hacemos trabajos para ellos para pagar el dinero que debemos.

El tiempo, al final nos lleva a hacer cualquier cosa por consumir. La sociedad ha normalizado tanto la droga que esto se ha ido de las manos, la gente no se da cuenta de que está pasando como en los 80, que murió mucha gente de sobredosis por la heroína, por utilizar las mismas agujas para inyectarse. Pero ahora no es así, hoy dominan las drogas químicas, más adictivas que la heroína fumada y el crack es una bomba química que, poco a poco, te engancha tanto que parecemos zombis.

La gente nos ve en la calle tirados, pero no nos ven, nos volvemos invisibles. Los *yonkis* somos parte del escenario de una calle. A pocas personas les damos pena y nos ayudan.

Hemos llegado al momento en que hay que hacer algo porque hay que luchar contra los narcotraficantes. No deben perseguir a los adictos con código 8, que significa busca y captura porque no tienen domicilio, para encerrar en el calabozo, unas veces con más amabilidad que otras, según quien te detenga.

Pero todos sabemos dónde están los focos de venta, y no están tan perseguidos. Me pregunto por qué no están en la puerta todos los días allí.

En la cárcel convivimos, a ellos los ves, tienen de todo y tú eres un pringado sin nada y con mucho miedo.

Apoyo a familiares con problemas de adicción

TEXTO: CARMEN NEGRILLO

He cogido fuerzas durante este año, he conocido a mis hermanas de vida. Mi cabeza ha ido dando vueltas, quiero hacer algo para que nadie se sienta solo. Salgo a la calle a buscar a alguna ONG o institución, me da igual siempre que sea un lugar serio. Después de varios centros llego a Cruz Roja, me reúno con Belén y le explico que somos mujeres y madres que necesitamos un lugar para reunirnos e intentar ayudar a más familias.

Gracias a ellos surge el proyecto Apoyo a Familiares con Problemas de Adicción. Empezamos un día de octubre y nos apoyan proporcionándonos a una persona voluntaria. Es una mujer muy inteligente y conocedora de esta enfermedad, la adicción. Hemos encontrado un lugar para expresar nuestro dolor, rabia y problemas sin ser juzgadas. Podemos hablar con libertad y crecemos como personas gracias a Micaela. El grupo va poco a poco, pero con mucha ilusión de crecer y ayudar para que nadie se sienta solo.

Este libro es una idea más para poder ayudar con la experiencia vivida y el sufrimiento compartido.

Ojalá a alguien le sirva y, ya que somos muchas familias en silencio, nos unamos por nuestros adictos y salgamos a la calle a pedir más ayudas para las familias, que dejen de abrir lugares de juego y que persigan todos los días los puntos de drogas. Son las personas que matan a nuestros familiares y destruyen a muchas familias.

Tenemos que dejar la vergüenza y el miedo. No somos los culpables, solo somos los que lo sufren.

Dejemos de fingir que tenemos familiares enfermos y lo decimos sin que nos juzguen.

Perdón

TEXTO: JOSÉ NEGRILLO

Pido perdón por todo el daño que he cometido. No sé si algún día la vida me perdonará y podré ser uno más, pero fuera del sistema de la corrupción y de la drogadicción. Esto lo digo de corazón. Ahora tengo que pagar por ello, como muchos otros presos que conozco que estaban enganchados y ahora están cumpliendo condena. Muchos dicen que no van a volver por lo mal que se pasa en la cárcel, pero no es verdad porque la mayoría no se recuperan. Tienen un daño en el cerebro del que no se pueden recuperar. Se llaman enfermos mentales o, más bien, como se dice aquí en prisión: «Drogadicto mal curado, alcohólico asegurado».

Yo echo de menos ese cariño hacia esa madre que sufría. Cuando estaba enganchado a la droga no pensaba en nada porque te bloquea mentalmente, pero ahora pienso en despertar, tener un buen desayuno juntos. Un beso de mi madre no tiene precio.

Yo, por desgracia, la perdí hace muchos años por la adicción. Ahora, por las noches, miro el cielo a través de las rejas y, a veces, me pregunto que qué hago yo aquí.

No sé si mi vida cambiará, pero sí sé que este libro ayudará porque es real, lo he vivido y lo estoy escribiendo para poder ayudar.

Dios mío, te doy las gracias por darme la oportunidad de cambiar, te quiero, vida mía. Te quiero con locura y ahora es el momento de vivir lo que nos queda juntos diciendo: «Hoy no; mañana será otro día, pero hoy no».

Gracias por ayudarme en los momentos más difíciles de mi vida. Cuando caí preso llamé llorando a mi madre para decirle que todo iba a salir bien. Lo necesitaba porque de aquí se sale o pensando en la droga o en la familia, en lo que han sufrido y en lo que han perdonado durante estos años. Por eso es tiempo de cambiar. Como no puedo hablar, lo escribo, para demostrar que sí que se puede cambiar. Dentro de un tiempo todo se verá, lo más sabio de esta vida es el tiempo.

No sé cuántos leerán el libro y si ayudará a alguien a saber cuidar de su adicto o al adicto a saber que se puede salir por muy difícil que sea.

Dejar ir

Texto: Carmen Negrillo

Nacemos sin nada y morimos sin nada.

Creo que nacemos para hacer un recorrido más o menos difícil según los caminos que decidamos elegir.

La señora Nairobi Moreno nos hace pensar, y mucho: «¿Qué me pertenece? ¿Qué es mío?».

Pensamos que las personas y las cosas nos pertenecen, que debemos decidir por ellos. Esperamos muchas veces cosas de los demás.

Pero ni nos pertenece nada ni nadie. Ni la vida nos pertenece porque no podemos saber cuándo terminará, ni cómo.

Solo hemos sido mujeres que no hemos entendido que todo sigue sin nosotras, que no tenemos que hacer nada, que la vida protege, como esa madre muerta protege a su hija recién nacida con sus piernas. Ella está muerta, pero la niña sobrevive.

Espero y deseo poder aprender a ser capaz de ver la vida de manera en la que no todo depende de mí. Hay cosas que tienen solución y otras no. Hay que dejar ir lo que nos hace daño. Todo tiene su momento y pasará lo que tenga que pasar aunque no hagamos nada.

Es muy duro dejar ir y no saber nada de esa persona querida, o saber que está muy mal viviendo en la calle, pero que, por mucho que nosotros hagamos, tiene que ser esa persona la que haga su trabajo, no lo podemos hacer nosotros por él.

La adicción rompe familias, personas, a todo lo que esté cerca.

LA ADICCIÓN SOLO SE PUEDE LLEVAR A UNO, NO PODEMOS DEJAR QUE SE LLEVE A MÁS.

Un camino de gigante

TEXTO: JOSÉ NEGRILLO

Estoy buscando por los caminos un sendero. Ya perdido, se ve oscuro, pero a los lejos hay una salida con piedras en medio del camino. Saltándolas, sin mirar atrás, esa luz que me guía siempre. Me decían de pequeño que tenía algo especial, mis valores siempre han estado conmigo, son: honor, lealtad y fidelidad. Es muy difícil encontrar gente con principios, pero todavía la hay y si todos nos uniéramos con un grito pequeño se escucharían, aunque sean pocos los que los oigan.

Me voy a parar a escribir mi vida porque no se la deseo a nadie. Va a ser lo más complicado, la recta final, llegar a los oídos de esas personas con problema de adicción.

Lo hago por mí para que, por lo menos, se recuerde que lo intenté y que a alguien le ayude. Le pido a Dios que ayude a la gente que he conocido estos años en las calles. Se puede salir, yo estoy intentándolo y me motiva esa gente que un día conocí y otros a los que perdí.

Le pido a Dios que los llene de gracia, si es verdad que él puede ayudarme pues que lo haga. Me entrego a fondo, día a día, luchando contra este gigante, este muro infranqueable que se puede penetrar como si de un disparo se tratase. Yo escribo sin pensar, solo con el corazón, con lo que viví y con lo que padecí. Gracias por darme alas para volar y ser libre de ti para siempre. Nunca te olvidaré, drogadicción. Te pido perdón, pero ya no estás en mi corazón.

Ahora mi lucha se ha vuelto contra ti, no por conseguir esa dosis para quitarme el mono. Cuantos kilómetros y kilómetros, con una mochila en la espalda llena de piedras, hacía yo andando y a veces no llegaba ni al punto donde poder quitarme el mono.

Acababa tirado y rendido en la calle o en la puerta de un supermercado, sin fuerzas, hasta conseguir siete euros miserables para poder funcionar.

Como tenía el nivel de adicción cada vez más alto, necesitaba cada día más droga para quitarme el mono. Ya necesitaba unos treinta euros para poder ser persona, y todo ello sin tener nada en el cuerpo de comida. Había días que caminaba unos veinte kilómetros sin parar, sin descansar porque no era suficiente y no me acostaba a dormir en días. Hasta que el cuerpo aguantase.

Seguía caminando como si de un zombi se tratase. No me importaba mi aspecto físico y tampoco nada a lo que las personas le dan valor, como ducharse, comer o desayunar.

Cada dos o tres días llamaba a mi madre, recién levantado, con una historia nueva para que me mandase dinero, para poder quitarme el mono de heroína porque lo tenía muy fuerte. Hasta me meaba y me cagaba encima porque consumía mucho a un alto nivel.

La Biblia narra una parábola de Jesús en la que, un pastor que tiene cien ovejas pierde una. Deja al resto y va en busca de la perdida. La encuentra y vuelve a casa.

Más o menos, me pasó lo mismo a mí. Me abandonó hasta caer perdido y gracias a él hoy estoy vivo. No sé qué les parece mi libro, yo no he estudiado nada de escritura para ser un escritor, pero sí que he estudiado la vida y a las personas, por eso sé lo que estoy diciendo. Si alguien lo ha vivido, dirá: «Es verdad lo que el murciano dice». Es así como me conocen en muchas ciudades.

Y ojalá pudiera ayudar a toda esa gente. Yo solo no puedo porque son demasiados. A cualquier sitio al que viajas, por cualquier ciudad de España, esto está pasando. Es como una plaga y quien lo sufre es el débil o el pobre. Pero un día dije:

—Basta, voy a contar lo que está pasando.

Y me sentí muy bien, me sentaría a hablar con cada uno, pero me dirían:

—Sí, ya lo sé.

Si uno no quiere, no sale de esa vida, aunque hable con un amigo un rato. Después me pediría dinero para consumir porque su cuerpo se lo pide. Creo que es imposible salir, el que es adicto, lo es toda la vida.

Pero el chaval que está empezando todavía tiene salvación. A mí me ha costado mucho salir, demasiado, y solo lo he conseguido con mucho coraje y esfuerzo. He perdido a mucha gente que he llegado a querer de corazón por el camino, porque, como dije, son maravillosas y quién sabe si algún día esa persona te salvará la vida, como a mí me está pasando.

Yo estoy preso. Ahora mismo mi cuerpo pertenece a una prisión, pero mi cabeza es libe de adicción y, aunque es muy duro, creo que es la única fórmula que he descubierto. No soy Superman, soy uno más, pero con cojones de decir la verdad. Lo mismo, el día de mañana estoy otra vez enganchado, pero quién sabe, lo mismo esto ha sido mi fin. Solo pienso en pasar mucho tiempo sin drogarme, escribiendo, contando que la vida me dio esa lección tan dura de supervivencia que hoy he superado. Algún día saldré de esta cárcel por la puerta, sin mirar atrás, y os diré que mereció la pena el camino oscuro hasta la luz.

La música me estimula porque hay letras de cantantes que hablan de la vida e incluso habla de los problemas de la adicción. Uso lo que cuentan cantando y yo he decidido escribirlo con mi madre. Escribir me ha dado la dopamina que me producía la droga, estoy muy ilusionado. Si no estuviera bien no podría hacer esto. Tengo treinta y seis años y parece que ya estoy en la vejez de la vida.

La madre que acepta la enfermedad

TEXTO: CARMEN NEGRILLO

Con los años, las terapias, nos volvemos especialistas en drogas, nos hacen terapeutas. Ya cuando vemos a nuestros hijos sabemos si han tomado algo, miramos las pupilas, olemos la ropa, somos detectives o casi, seguimos espiando su comportamiento, seguimos sin vivir, sin saber si es mejor que estén en las casas con la familia o que estén en la calle si no dejan de consumir. Si le dan el alta terapéutica, a los pocos que salen de la adicción, seguimos espiándoles, como cuando consumían, seguimos sin estar tranquilas porque en cualquier momento pueden recaer.

Nosotras necesitamos recuperarnos y aprender a dejar de espiar, a saber que ya no tenemos que controlar. Tenemos que vivir nuestra vida a ser felices porque han tenido la gran suerte de recuperar sus vidas y nosotras tenemos que recuperar las nuestras.

Y si no tenemos esa suerte de que se recuperen, pues lo mejor es aceptar que nosotros no tenemos la solución, que no depende de nosotros, solos ellos tienen la solución a su problema.

La vida es tan sabia que sigue, siempre sigue adelante. Mientras estemos vivos, la vida sigue sus pasos.

Solo puedo decir que escribir este libro con mi hijo nos ha unido mucho, hemos disfrutado con cada palabra y ha sido una terapia para los dos.

TE QUIERO, HIJO. GRACIAS POR ESTOS DÍAS EN LOS QUE HE VUELTO A VER A MI HIJO PERDIDO.

La libertad

Texto: José Negrillo

Yo sueño que algún día seré libre, pero libre de adicción. Yo también he perdido mucho al entrar en la cárcel, como mi libertad, pero esa libertad un día llega a todos los presos, pero ser libre de la droga es más importante, esa tranquilidad de no consumir y buscar su dosis eso sí que es libertad. Porque han sido muchos los años esclavo de esa adicción. Yo no sé el tiempo que estaré en prisión, pero un día saldré, recuperado, con la cabeza alta y una madre orgullosa de mi esfuerzo. Me da igual a la cárcel que me lleven, ninguna podrá conmigo, ninguna podrá destruir lo que he construido. El tiempo dirá si mereció la pena estar preso un tiempo. Yo creo que sí porque estos muros han salvado mi vida.

La verdad es que estando dentro de estos muros, pero teniendo mi bolígrafo y la libreta, me ha ayudado mucho a expresar lo que llevo dentro y a afrontar este tiempo de otra manera. Solo sé que de aquí se sale, pero donde verdaderamente está el peligro es en las calles, llenas de drogas. Solo pido tiempo para una buena recuperación y sueño con un final feliz ¿Por qué no? Construir una familia alejada de toda adicción.

Me alegro mucho de haber podido compartir con vosotros parte de mi vida con este libro escrito por mi madre y por mí.

En la cárcel empecé este libro y aquí terminará. Solo los valientes sobrevivirán y perdóname por todo, madre mía, te he hecho sufrir mucho, solo te pido que sigas luchando por todos nosotros.

TE QUIERO, MAMÁ.

Índice

Maldita adicción 9

Gracias por todo 11

Soy el adicto 13

Soy la madre 16

La calle 21

Hospital 24

Dinero, drogas y amor 29

La pandemia 31

La primera vez en prisión 33

Otra vez en la calle y cárcel 35

Mi terapia 37

Amor 40

UCI 42

El tiempo 44

Apoyo a familiares con problemas de adicción 46

Perdón 48

Dejar ir 50

Un camino de gigante 52

La madre que acepta la enfermedad 57

La libertad 59